AUX ORIGINES DES 100 SUPERSTITIONS QUI HANTENT OU RÉJOUISSENT NOTRE QUOTIDIEN

Le Figaro – 14, boulevard Haussmann, 75009 Paris.
Directeur général, Directeur de la publication : Marc Feuillée.
Directeur des rédactions : Alexis Brézet.
Directeur délégué des rédactions : Paul-Henri du Limbert. **Éditrice** : Sofia Bengana.
Éditeur adjoint : Robert Mergui. **Administratrice des rédactions** : Nathalie Hervo.
Directrice de l'édition : Anne Huet-Wuillème. **Édition** : Valérie Maillard.
Direction artistique : Marie-Anne Demange. **Auteur** : Laurence Caracalla.
Illustratrice : Marine Delouvrier.
Responsable fabrication : Denis Imbault. **Responsable pré-presse** : Alain Penet.
Directeur de la diffusion : Philippe Grinberg. **Directeur des ventes** : Laurent Nocca.
Responsable de la communication et partenariats : Marie Muller.

ISBN 978-2-8105-0762-7.
Achevé d'impression sur les presses de Pollina, L78910, France, en janvier 2017.

Préface
de Laurence Caracalla

Dans certaines familles, c'est un héritage parfois lourd à porter : les superstitions encombrent inexorablement le quotidien. Poser un chapeau sur un lit et c'est le drame assuré. Renverser du sel sur la table et les disputes éclatent. D'autres lèvent les yeux au ciel : comment peut-on croire en ce XXIe siècle si pragmatique à ces sornettes venues d'un autre temps ? Les superstitieux et ceux qui ne le sont pas demeurent en conflit depuis des siècles. Qui a raison, qui a tort ? Qu'importe. Ces traditions légendaires restent une manière de se rassurer, de se faire peur aussi. Il en existe tant qu'il serait vain de les compter. Elles sont si étonnantes et décryptent si bien nos sempiternelles angoisses qu'on a envie d'y croire. En voici 100, célèbres pour la plupart, inconnues pour d'autres. Toutes nous disent quelque chose de nous-même.

CHANCE

TROUVER
UN FER À CHEVAL

Trouver un fer à cheval en chemin est à présent rare. Dommage, c'est le meilleur des porte-bonheur, symbole de chance, de fertilité et de force. Il éloigne aussi les mauvais esprits et c'est pourquoi on en trouvait, et on en trouve encore, accroché, les deux branches vers le haut, sur les maisons. On attribuait d'abord sa bonne fortune à ce qu'il pouvait matériellement rapporter. En effet, lorsque, dans les siècles passés, un passant avait l'aubaine de trouver un fer à cheval, il courait le revendre à un forgeron moyennant quelques sous. Mais on parle aussi d'une légende venue de l'empereur Néron, qui, pour exhiber à tous son immense richesse, avait équipé ses chevaux de fers en or. Lorsque l'un d'eux se détachait, les démunis qui le trouvaient sur leur route avaient gagné le gros lot.

JETER UNE PIÈCE
DANS UNE FONTAINE

Si l'on jette de la menue monnaie dans la fontaine de Trevi, à Rome, c'est pour être sûr d'y revenir un jour. Mais partout ailleurs, lorsqu'on lance une pièce dans une fontaine, c'est pour aider un vœu à se réaliser et pour attirer la chance. À l'origine, une croyance païenne de la mythologie gréco-romaine. Une légende relatait l'histoire de ces défunts, devenus ombres errantes, qui devaient rejoindre l'éternité en traversant sept fleuves. Choron en était le passeur et réclamait, pour les faire aller d'une rive à l'autre, une obole. Ceux qui ne pouvaient pas payer étaient contraints de déambuler cent ans sur les bords de la rivière. Les autres lançaient une pièce dans le fleuve pour rémunérer le passeur et pensaient ainsi mourir en paix. Enfin, dès l'Antiquité, les fontaines étaient dédiées à des dieux puis, chez les chrétiens, à un saint. En y jetant de la monnaie, on s'attirait leurs faveurs.

TOUCHER LA BOSSE
D'UN BOSSU

C'est une tradition cruelle : toucher la bosse d'un pauvre bossu porte chance, dit-on, mais encore faut-il oser le faire ! Cette superstition serait née au XVIIIe siècle. Durant le règne de Louis XV, un financier écossais, John Law, développa l'utilisation du papier-monnaie plutôt que celle des pièces d'or. Une banque fut alors autorisée à ouvrir et des centaines de personnes se précipitèrent au guichet. Un bossu passant par là proposa à ceux qui formaient la file d'attente d'utiliser sa bosse, pour qu'ils remplissent plus confortablement les formulaires, moyennant quelques sous. Le succès de cette nouvelle banque fut à jamais associé au bossu. Au XIXe, certains signaient même des contrats importants sur son dos pour leur porter chance. D'autres encore, avant d'entrer dans les maisons de jeux, faisaient de même.

CROIRE AUX POUVOIRS DU CHIFFRE 7

Il est l'exact contraire du 13. Le 7 est un porte-bonheur. C'est le chiffre qui correspond aux couleurs de l'arc-en-ciel, aux jours de la semaine, aux notes de musique, aux merveilles du monde et, surtout, c'est le 7 qui apparaît le plus souvent dans la Bible. Jessé, le père du roi David, a 7 fils ; Noé dispose de 7 jours pour embarquer un couple d'animaux de chaque espèce sur son arche ; on pense aux 7 miracles dans l'Évangile selon saint Jean et, bien sûr, Dieu achève la création du monde le 7e jour. Quant aux Égyptiens, ce chiffre était pour eux le symbole de la vie éternelle. De tout temps, le 7 a été un nombre à part, un excellent présage. Il est important même pour les enfants. Rappelez-vous que c'est lorsqu'ils ont 7 ans qu'ils atteignent l'âge de raison !

RENVERSER DU VIN
SUR LA TABLE

Patatras ! Votre verre de vin rouge se renverse sur la table… Plutôt que de pester, soyez heureux, c'est un signe de grande chance. Une superstition qui nous vient des libations antiques, ce rituel religieux qui consistait à présenter aux dieux une boisson, le plus souvent du vin, dont on versait quelques gouttes sur l'autel en guise d'offrande. Dans certaines régions, renverser du vin rouge sur une nappe blanche et propre promet un mariage prochain dans la maison et s'il tombe sur un vêtement, la fortune n'est pas loin. Attention aux chaussures, c'est le seul endroit qu'il ne faut pas asperger : ce serait un mauvais présage.

ARBORER
UNE PATTE DE LAPIN

C'est au Moyen Âge que la patte de lapin devint porte-bonheur. Objet un peu effrayant, on aurait choisi cette partie du corps de l'animal aux grandes oreilles car c'est la seule qu'on ne mange pas ! À cette époque, on en portait sur soi, on en trouvait dans les maisons. Sa capacité à éloigner les esprits malins et les vilaines sorcières était une croyance forte. Cette superstition est toujours demeurée mystérieuse. Mais beaucoup croient que son origine est tout simplement due à l'animal lui-même, symbole de fécondité, donc de bonheurs à venir. À la Renaissance, il est même devenu une évocation du paradis ! Aujourd'hui, rares sont ceux qui arborent une patte de lapin même si certains continuent à y voir l'emblème de l'abondance.

CE QUE DOIT PORTER LA MARIÉE

Une superstition se transforme parfois en tradition. C'est le cas de ce rituel, qui nous vient tout droit de l'Angleterre du XIXe : la future mariée doit revêtir le jour de la cérémonie « Something old, something new, something borrowed, something blue » (quelque chose de vieux, de neuf, d'emprunté, de bleu). L'élément neuf est le symbole de l'avenir et de la réussite de son couple, l'objet ancien, qui peut être un bijou, de son passé, du lien qui l'unit à sa famille. Une chose empruntée, qui appartiendra, par exemple, à une amie proche, elle-même heureuse en ménage, symbolisera la chance et le bonheur. Enfin, le bleu sera l'emblème de la fidélité et de la pureté des sentiments. Ainsi parée, la fiancée s'assure des jours radieux.

UTILISER LES ÉCHELLES
À TREIZE BARREAUX

Les superstitions ne sont pas à une contradiction près. On sait que l'échelle est considérée comme un outil maléfique et qu'il n'est pas envisageable de passer dessous sans que le malheur s'abatte sur vous (*Lire* Passer sous une échelle, *page 81*), on sait aussi que le chiffre 13 est le chiffre porte-malheur par excellence, et pourtant… Une échelle à treize barreaux porterait chance ! À l'origine de cet étrange paradoxe, les Égyptiens de l'Antiquité. Ceux-ci croyaient que les âmes trouvaient la vie éternelle sur le treizième barreau de l'échelle qui conduisait à l'éternité. Alors, avant d'acheter une échelle, vérifiez peut-être son nombre de barreaux ?

VOIR UNE COCCINELLE S'ENVOLER

On appelle ce joli coléoptère « la bête à bon Dieu ». Elle porte non seulement bonheur mais indique le temps qu'il fera dans les jours à venir. En effet, si elle ne s'envole pas de votre main, prévoyez une triste météo. Quand une coccinelle se pose sur vous, dépêchez-vous de compter le nombre de pois noirs sur son dos, ce sera autant de mois heureux. Et, lorsque vous en apercevez une, faites vite un vœu qu'elle emportera avec elle dans les cieux. La coccinelle a bien des pouvoirs si on en croit cette légende datant du Xe siècle : grâce à elle, un condamné à mort fut gracié par le roi Robert II le Pieux. Celui-ci vit une coccinelle sur le cou du détenu qui, malgré les tentatives du bourreau, refusait obstinément de s'envoler. Il y vit un signe de Dieu et fit relâcher sur-le-champ le prisonnier, convaincu de son innocence.

RÊVER DE LA MORT
D'UN PROCHE

Comme il est désagréable de se réveiller en ayant rêvé de la mort d'un proche. Les superstitieux sont parfois de grands optimistes et, contre toute attente, voient en ces cauchemars un excellent présage. Rêver du trépas de ses propres parents annoncerait de grands changements dans la vie. Rêver de la mort d'un enfant indiquerait seulement que vous devez être plus sérieux. Rêver enfin de proches déjà morts signifierait tout simplement que votre existence va devenir des plus prospères. En règle générale, rêver de la mort de personnes aimées, quelles qu'elles soient, devrait prolonger leur vie. Point de terrible prémonition donc, vous pouvez vous rendormir l'esprit tranquille !

TOUCHER
DU BOIS

Voilà une expression devenue usuelle qui est même utilisée par les moins superstitieux d'entre nous. Dire « Je touche du bois », sans même toucher quoi que ce soit, est entré dans les mœurs. Cette célèbre formule qui protège du mauvais sort aurait une origine très lointaine. Autour du 2e millénaire avant notre ère, les Perses pratiquaient le mazdéisme, une religion qui inspirera le christianisme. Toucher du bois, c'était recommander son âme à Atar, le génie du feu. Dans l'Égypte antique, le bois était censé diffuser un magnétisme bénéfique. Enfin, les chrétiens du Moyen Âge assimilaient le matériau à la croix du Christ. Le toucher devenait une prière, une façon de se protéger du malheur. Aujourd'hui, les plus superstitieux, non contents de toucher du bois lorsqu'ils veulent s'attirer la chance, se touchent aussi le crâne ! Avouant ainsi qu'ils ont la tête dure.

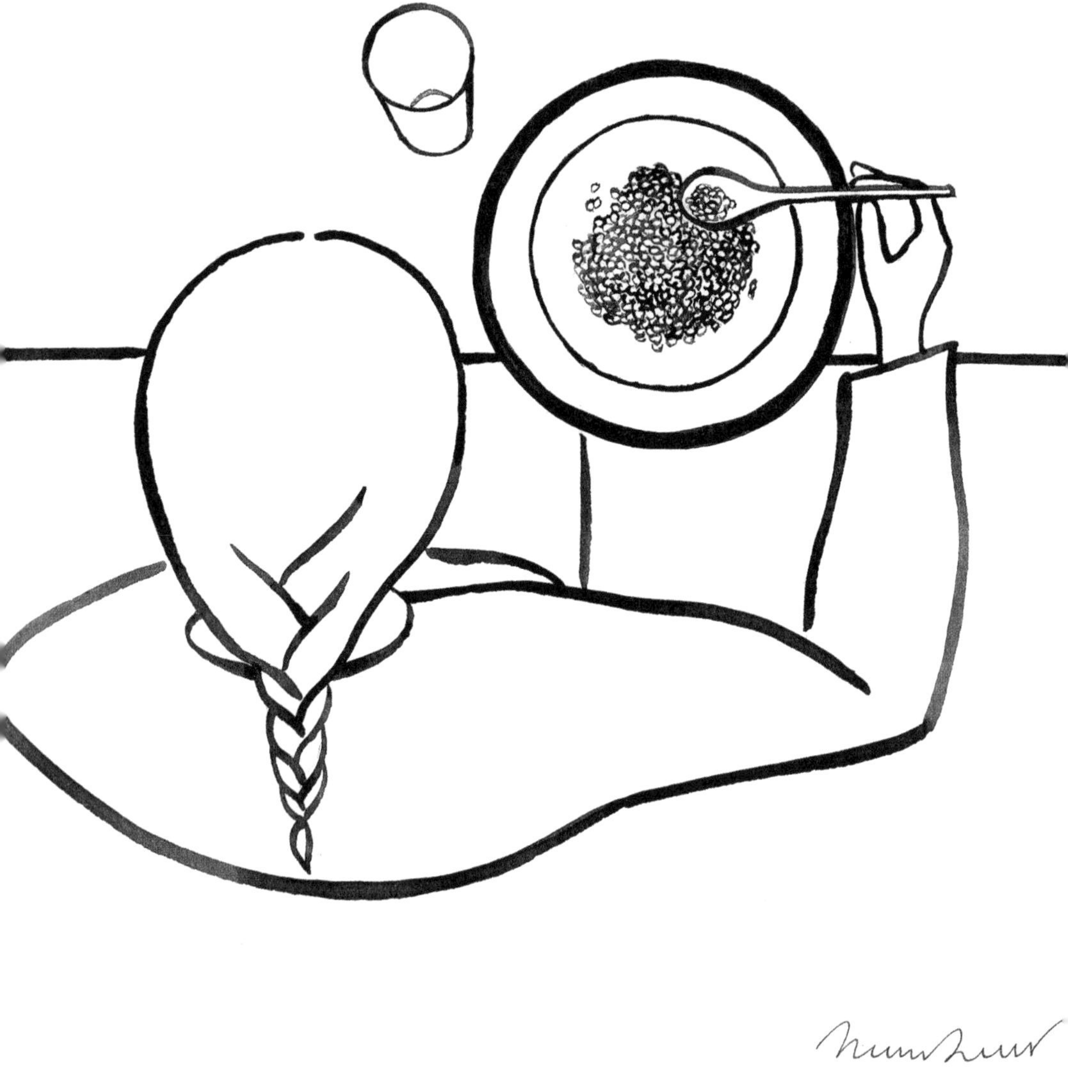

MANGER DES LENTILLES
LE JOUR DE L'AN

Une fois n'est pas coutume, cette superstition nous viendrait d'Italie. Il y a fort longtemps, nos amis transalpins offraient à la Saint-Sylvestre un petit sac de graines qui, espérait-on, se transformerait un jour en sac de pièces d'argent. Plus tard, on remisa les petites graines pour des lentilles. Il est vrai que ce plat délicieux, et connu pour être riche en protéines s'il en est, ressemble aussi à de la petite monnaie. En manger le Jour de l'An serait donc un présage de bonne fortune, au sens propre comme au figuré. Si, malencontreusement, vous n'avez pas de lentilles sous la main, pas de panique ! Mangez des noix ! Ou cuisinez des légumes. Le résultat serait, paraît-il, à la hauteur de vos espérances.

MARCHER DU PIED GAUCHE DANS UNE CROTTE DE CHIEN

Marcher dans une crotte de chien est un incident peu ragoûtant et sans aucun doute contrariant, sauf si le pied contaminé est le gauche ! On se console en se rappelant que cela porte bonheur. La gauche est, en effet, symbole du Mal, de Satan, de la trahison (Judas n'était-il pas assis à la gauche de Jésus ?). On croit donc que marcher dans des excréments de ce pied-là ne fait qu'humilier, rejeter, maudire ce Mal. Offensé, Satan devra retourner d'où il vient, dans les entrailles de la Terre, et laissera tranquille pour un bon moment le marcheur maladroit. On dit aussi qu'après avoir été victime de cette petite humiliation, il est de bon augure de tenter sa chance aux jeux d'argent. Attention, on ne marche jamais exprès dans une crotte du pied gauche : l'effet serait alors inversé et l'imprudent risquerait de voir s'abattre sur lui de grands malheurs !

S'EMBRASSER
SOUS LE GUI

C'était en Gaule une pratique des plus courantes : s'embrasser sous le gui était le plus sûr moyen d'avoir de la chance, d'éloigner les mauvais esprits, mais aussi de s'assurer une récolte féconde. La plante était un symbole d'immortalité puisque, été comme hiver, ses feuilles restent immuablement vertes. Cueillie par les druides, elle était toujours accrochée dans les maisons. Peu à peu, cette habitude a disparu. Enfin presque. Depuis des siècles, le jour de la Saint-Sylvestre, à minuit précis, il est de bon augure de se placer sous le gui pour y embrasser son amoureux(se) et se souhaiter ainsi la meilleure des années. Et puis, souvenons-nous que la devise « Au gui l'an neuf » signifiait, au Moyen Âge, qu'un couple s'embrassant sous le gui avait de fortes chances de convoler sans tarder.

TROUVER
UN EDELWEISS

C'est sans doute sa rareté qui fait de cette jolie fleur blanche un porte-bonheur. Elle ne pousse que dans les froids extrêmes et est, le plus souvent, inaccessible. La légende veut qu'elle soit née d'un flocon de laine tombé de la quenouille de la Vierge alors que celle-ci s'était endormie. On a longtemps raconté que la porter sur soi écartait les esprits malins. Mieux, un pied d'edelweiss permettait de détourner coups de couteau et balles. Dans le Paris du tout début du XXe siècle, la fleur était le porte-bonheur à la mode : elle se portait en médaillon et en broche. L'edelweiss reste avant tout cette fleur romantique : un chevalier servant ne risque-t-il pas sa vie pour aller la cueillir aux sommets des montagnes afin de l'offrir à sa dulcinée ?

CE QUE SIGNIFIE
UN BOURDONNEMENT D'OREILLE

C'est une superstition vieille comme le monde que nous connaissons tous : lorsque votre oreille bourdonne, c'est qu'on parle de vous. Mais attention, si c'est la droite qui vous gratouille, c'est qu'on fait votre éloge. Si c'est la gauche : vous êtes le centre d'une conversation faite de jalousie et de malveillance. Autrefois, on répétait que si l'oreille gauche bourdonnait, c'était que quelqu'un vous aimait. Pour savoir qui était cet amoureux(se) inconnu(e), il suffisait de réciter l'alphabet jusqu'à ce que le bourdonnement cesse. On avait alors la première lettre de son prénom. Un précieux indice… L'oreille est une partie du corps bien mystérieuse qui a toujours déclenché quelques fantasmes : ainsi, on a coutume de dire que celui qui en possède de petites serait un être exécrable. Et que celui qui en a de grandes serait, au contraire, une personne exquise !

MARIAGE PLUVIEUX, MARIAGE HEUREUX

Bien sûr, il faut consoler les mariés qui voient le plus beau jour de leur vie gâché par une pluie incessante. En prononçant l'adage « Mariage pluvieux, mariage heureux », on croit remonter le moral défaillant du jeune couple, hélas ! L'origine de ce proverbe n'aurait pourtant aucun rapport avec la météo du jour. Le terme « pluvieux » aurait été contracté et serait en fait écrit « plus vieux ». Ainsi, on imaginait que lorsque des mariés avaient atteint un âge raisonnable, ils avaient eu tout le temps de réfléchir à leur engagement. Ils étaient plus vieux donc fin prêts à convoler. Les méchantes langues utilisaient également cette expression lorsqu'une femme jeune épousait un homme âgé : elle n'aurait pas à attendre longtemps avant de se retrouver veuve et donc libre !

RETROUVER
UN OBJET PERDU

« Glorieux saint Antoine, tu as exercé le divin pouvoir de retrouver ce qui était perdu. Aide-moi à retrouver la Grâce de Dieu et rends-moi dévoué au service de Dieu et de la vertu. Fais-moi retrouver ce que j'ai perdu et montre-moi ainsi la présence de ta bonté. » Voici la prière qu'il faudrait prononcer chaque fois qu'on égare un objet ! Ce saint du XIIIe siècle est en effet célèbre dans le monde entier pour être le soutien des étourdis ! On pense que c'est parce qu'il s'était fait dérober ses commentaires sur les Psaumes et que le voleur, repenti, les lui aurait rendus, qu'il est invoqué pour aider à retrouver les objets perdus. Mais une autre manière de faire semble également porter ses fruits : quelques superstitieux accrochent à la poignée d'une porte une paire de ciseaux ouverte. Les lames feraient peur aux mauvais esprits qui ont dérobé ledit objet et le rendraient au plus vite à leur propriétaire…

SOUFFLER SES BOUGIES
D'UN SEUL COUP

Dans l'Antiquité, on fêtait l'anniversaire d'Artémis, déesse des accouchements, de la chasse et du Soleil. Chacun lui rendait hommage en concoctant un gâteau rond (censé représenter le Soleil) et y plaçait tout autour des bougies, symbole de la lueur des astres. Ce n'est qu'au XIIIe siècle que cette tradition se mit peu à peu en place pour célébrer l'anniversaire du commun des mortels. Au XIXe, cette tradition devint la norme. Les bougies, représentant le nombre des années, éloignent la malchance. Pour être sûr de passer la meilleure des années, il faut prendre son souffle car on doit les éteindre toutes en une seule fois. Auparavant, on fera bien sûr un vœu. Si aucune des bougies ne reste allumée, le vœu se réalise. À condition, bien sûr, de ne le révéler à personne !

CROISER
LES DOIGTS

Lors de la persécution des premiers chrétiens, ceux-ci n'avaient pas d'autres solutions que de se cacher afin d'échapper à leurs bourreaux. Se croiser les doigts était une sorte de signe de reconnaissance. Si l'un d'eux entrelaçait ses doigts en forme de croix, on savait immédiatement qu'il faisait partie des siens. Mais c'est dans l'Angleterre du Moyen Âge que cet usage fut popularisé. Les doigts en croix (« To cross one's finger ») étaient un remède pour éloigner le Diable, mais aussi les ennuis en général et de nombreux superstitieux l'utilisaient. Ce geste, beaucoup le font encore aux quatre coins de la planète. Mieux, lorsqu'un ami forme un vœu, croiser ses doigts pour lui est un signe de soutien. En revanche, promettre quelque chose tout en croisant ses doigts derrière son dos annule son serment.

VOIR
UNE ARAIGNÉE

C'est sans doute la plus impopulaire des petites bêtes. Certains d'entre nous en sont même phobiques, on les appelle les arachnophobes. Cette peur est un vrai problème lorsqu'on est superstitieux car les araignées portent bonheur. On connaît l'adage : « Araignée du matin : chagrin. Araignée du midi : profit. Araignée du soir : espoir. » Mais d'autres superstitions s'associent à ces arachnides. Trouver par exemple une araignée sur un mur porte chance et, si vous la voyez sur un de vos vêtements, elle annonce de l'argent à venir. Si elle tombe du plafond, un héritage pourrait bien arriver. Enfin, on n'enlève jamais les toiles d'araignée qui se tissent dans les étables, car elles protègent les animaux de tous les maléfices. Pensez-y avant d'écraser la pauvre bête. Et si, décidément, vous ne pouvez faire autrement, sacrifiez-la le matin et utilisez votre pied droit… C'est le moindre mal.

TRINQUER LES YEUX DANS LES YEUX

C'est, pour certains, un jeu, pour d'autres, une marque de politesse : on se regarde droit dans les yeux quand on trinque. Mais cette tradition a une explication. Elle date, comme souvent, du Moyen Âge, époque où les empoisonnements étaient monnaie courante. Pour être sûr que votre compagnon de beuverie n'avait pas quelques intentions malheureuses, on avait l'habitude d'entrechoquer violemment son verre contre le sien. Des gouttes de l'élixir tombaient alors dans le verre du voisin, mélangeant le liquide soupçonné d'être empoisonné avec celui qui ne l'était pas. Puis, avant de boire, on se regardait dans les yeux. Si l'un des buveurs détournait le regard ou semblait mal à l'aise, il était ainsi plus facile de deviner si, effectivement, on tentait de vous intoxiquer ! Aujourd'hui, lorsqu'on trinque, la méfiance a heureusement disparu, pas la façon de faire…

DÉCOUPER
LE GÂTEAU DE MARIAGE

Le gâteau de mariage est loin d'être une coutume récente. Déjà, à l'Antiquité, il était présent, toujours élaboré à base de blé, symbole de fertilité. Au Moyen Âge, les invités apportaient des petits pains qu'ils posaient les uns sur les autres jusqu'à former une tour. Plus elle était haute, plus le couple vivrait heureux. C'est d'ailleurs cette tradition qui est à l'origine des pièces montées actuelles. Les mariés devaient s'embrasser au-dessus de cette tour de petits pains sans la faire tomber. Aujourd'hui, les jeunes époux découpent ensemble le gâteau, premier geste de leur vie commune, et doivent déguster leur part avant tout le monde. Sachez enfin qu'un invité ne peut refuser d'en manger sous peine de porter malheur non seulement à lui-même mais aussi aux mariés.

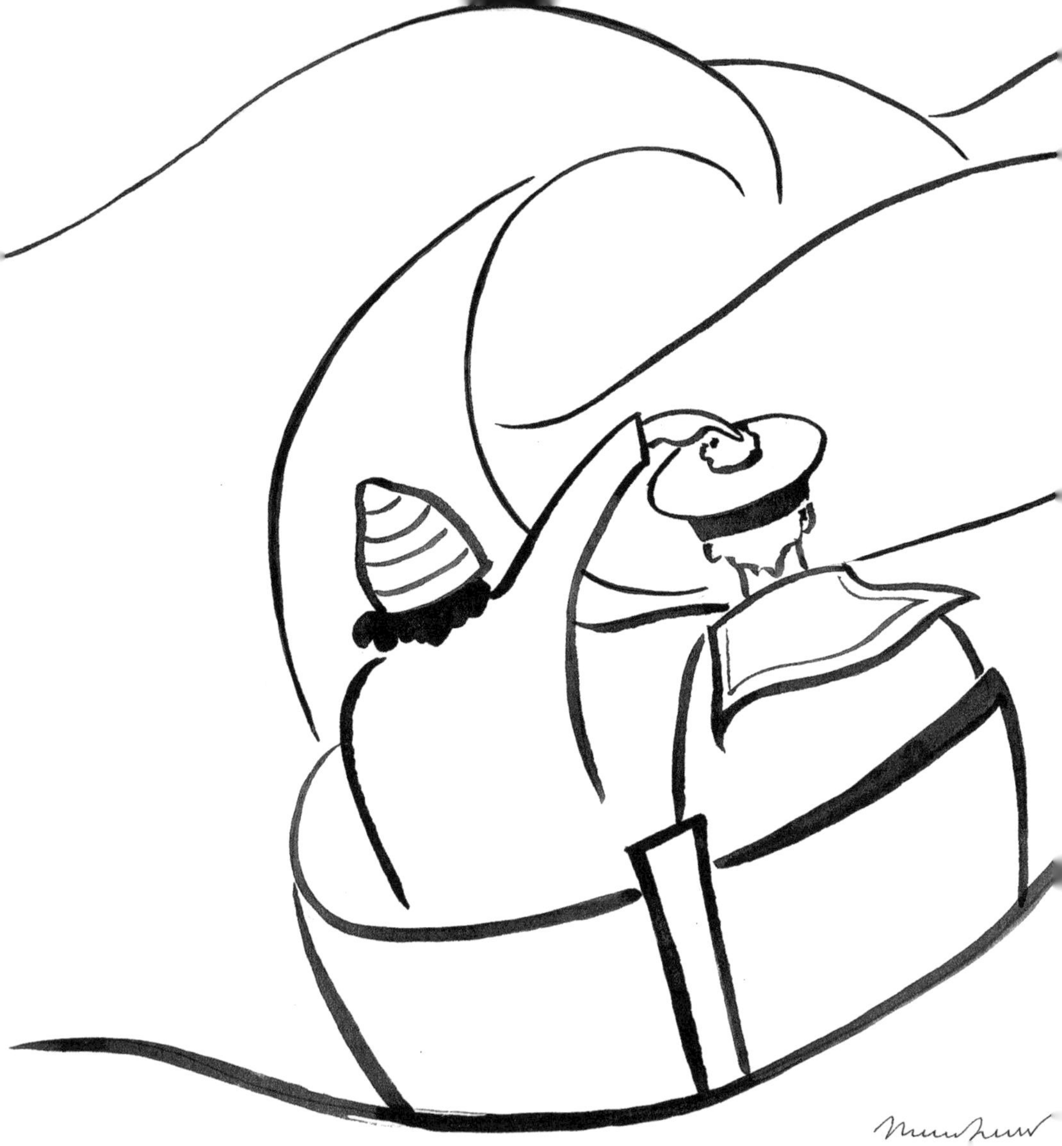

TOUCHER LE POMPON
D'UN MATELOT

Même si la démarche est moins délicate que celle de toucher la bosse d'un bossu, certains timides n'osent pas franchir le pas. Ils ont bien tort. D'abord parce que les matelots sont habitués à cette superstition et n'en prennent pas ombrage, ensuite parce que ça peut rapporter gros ! Mais il faut connaître d'abord quelques règles : si on touche le pompon rouge de l'index gauche sans que le matelot ne s'en rende compte, on peut espérer vingt-quatre heures de chance. Si le matelot s'en aperçoit et qu'il s'agit d'une jeune fille, elle doit se laisser embrasser. Enfin, si, dans une seule et même journée, on réussit à toucher trois pompons, on a droit à trois semaines de chance.

CASSER
DU VERRE BLANC

La maladresse peut parfois rapporter gros. En effet, une célèbre superstition indique que du verre blanc brisé porte bonheur. On parle ici de verre transparent comme le cristal. Il faut bien sûr que l'objet en question soit cassé par inadvertance ! Avant de ramasser les débris, comptez-les. Autant d'éclats brisés, autant d'années de joie, dit la formule. Les Russes, même si cette tradition est à présent passée de mode, jetaient leur verre de vodka après l'avoir bu pour attirer la chance. Tandis que dans les mariages juifs, la coutume veut que le marié casse un verre de son pied droit en souvenir de la destruction du temple de Jérusalem. Là encore, plus d'éclats seront trouvés, plus les époux seront prospères. En matière de savoir-vivre, dire à un invité maladroit qui a cassé son verre qu'il n'y a pas lieu de s'inquiéter puisque cela porte bonheur est une manière délicate de le mettre à l'aise !

VOIR UN ARC-EN-CIEL
OU UNE ÉTOILE FILANTE

Si l'arc-en-ciel est un bon présage, c'est d'abord parce qu'il transforme le ciel en spectacle aussi sublime que rare. Depuis toujours, on le considère comme le symbole de l'union entre le ciel et la Terre. Au Moyen Âge, on y voyait l'annonce d'une rentrée d'argent pour ceux qui l'apercevaient. Pour d'autres, il indiquait l'endroit où se cachait un trésor. Devant ces sept couleurs, faites un vœu, il devrait être exaucé. L'étoile filante est, elle aussi, un phénomène exceptionnel. On disait autrefois que le ciel envoyait ainsi des âmes aux nouveau-nés ou que ces météores étaient les âmes du Purgatoire, enfin libérées, qui rejoignaient le paradis. Là encore, faites un vœu. Mais dépêchez-vous : il doit être formulé avant que l'étoile ne disparaisse. Mieux : si vous êtes deux à l'admirer en même temps, c'est un signe d'entente éternelle.

SE COUPER LES CHEVEUX
PENDANT LA LUNE CROISSANTE

Tous les bons jardiniers le savent : la lune a un rôle important dans la pousse des plantations. D'aucuns voient un rapport entre cette revitalisation végétale et les cheveux humains. Il faudrait donc, pour obtenir une chevelure de rêve, regarder vers le ciel. Pour que les cheveux poussent plus vite, on suggère de les couper pendant la lune croissante, c'est-à-dire entre la nouvelle lune et la pleine lune. Si, en revanche, la perspective d'aller chez le coiffeur vous contrarie et que vous préférez qu'ils ne poussent pas trop vite, faites-les couper en lune décroissante. Bien entendu, ces procédés n'ont jamais été prouvés scientifiquement, mais cette tradition, très ancienne, est toujours très suivie !

SE COGNER
LE COUDE

Aïe ! Vous vous êtes cogné le coude, partie du corps particulièrement sensible. Ne désespérez pas. Si vous ne vous le frottez pas pour vous soulager, sachez que le bonheur et la chance s'abattront sur vous ! Et vous aurez peut-être même un cadeau… En revanche, si vous ne pouvez résister à l'envie de le frictionner, le charme sera immédiatement rompu. Alors, un peu de sang-froid ! Les Anglo-Saxons, et particulièrement les célibataires, ne détestent pas se cogner le coude : ils y voient, eux, un présage heureux de rencontre amoureuse ! Et si cette articulation du bras les démange, ils devraient, d'après une autre superstition, dormir bientôt dans le lit d'un(e) inconnu(e).

LANCER DU RIZ
SUR LES MARIÉS

À l'issue d'une cérémonie de mariage, qu'elle soit religieuse ou civile, il est de coutume de lancer du riz sur les nouveaux époux. Ce riz incarne la fertilité et la prospérité pour les mariés. Une tradition qui remonte à loin, puisqu'elle est issue d'un rite païen où on lançait non pas du riz mais des graines, symbolisant autant la fertilité que la force. En Indonésie, le riz protégerait l'âme des époux qui serait épargnée par le Diable, trop occupé à le manger. Aujourd'hui, nombre de communes refusent de voir le parvis de leur église parsemé de riz. On se contentera alors d'un jeté de pétales de roses, spectacle tout aussi joli mais moins symbolique, même si on prétend qu'ils éloignent les mauvais esprits.

CROIRE AUX VERTUS
DU BLÉ

Le blé est le symbole de la fertilité et de la vie. Assemblé en sept épis, il apporte joie et prospérité. La coutume veut qu'offert à la Saint-Jean, il devient porte-bonheur pour toute la maisonnée. Il doit être accroché en haut d'une porte ou sur une cheminée pendant toute une année. On peut également en faire présent le jour d'un mariage : les époux auront alors une vie de couple stable et heureuse. D'ailleurs, durant l'Antiquité, on lançait du blé aux mariés leur assurant, en plus d'une existence prospère, une grande descendance. Enfin, pendant des siècles, on croyait que semer le blé la veille de la Toussaint promettait du pain en abondance.

TROUVER
UN BOUTON OU UN RUBAN

Trouver par hasard un bouton et le ramasser est toujours un heureux présage : il signifierait que vous allez faire la connaissance d'un ami sincère et désintéressé. Une seule condition à cela : coudre le bouton en question sur l'un de vos vêtements ou le donner à un être cher pour qu'il s'en serve à son tour. Il est de très bon augure qu'il soit à quatre trous. Et, si vous gardez sur vous un bouton de l'être dont vous êtes amoureux(se) en secret, sachez que vous pourrez bien plus facilement le(la) séduire. Lorsque c'est un ruban que vous dénichez, toujours par hasard, vous allez rencontrer à coup sûr le grand amour. Surtout, conservez-le précieusement et ne le montrez à la future femme ou le futur homme de votre vie que quelque temps plus tard, quand vous serez sûr(e) de vos sentiments…

BOIRE DANS LE VERRE DE QUELQU'UN D'AUTRE

On aimerait tous que cet adage donne des résultats probants ! Mais les relations humaines seraient-elles alors plus aisées ? Les superstitieux, surtout lorsqu'ils sont amoureux et qu'ils ont quelques doutes sur la solidité des sentiments de l'autre, ne peuvent s'empêcher de boire dans le verre de l'être aimé pour connaître ses pensées. Une superstition vieille comme le monde et plutôt romantique. On n'a malheureusement jamais prouvé l'efficacité de cette technique ! Ce qui est sûr, c'est que boire dans le verre de quelqu'un d'autre est une véritable preuve de confiance. Et parfois, en cas d'épidémie de gastroentérite, une erreur fatale !

METTRE UN VÊTEMENT À L'ENVERS

Nous entendions cette expression lorsque nous étions enfants : « Tu as mis ton vêtement à l'envers, tu auras un cadeau. » Malheureusement, ce présage ne se réalisait jamais… Il est, en effet, de bon augure de se tromper de sens en enfilant un vêtement quel qu'il soit, à condition de ne pas le remettre à l'endroit. Si porter vos chaussettes à l'envers vous est insupportable, remettez-les dans le bon sens mais faites alors un vœu. Cette superstition serait née au XIe siècle avec Guillaume le Conquérant. Le futur roi d'Angleterre aurait enfilé sa cotte de mailles à l'envers en partant pour la bataille de Hastings en 1066. Comme il fut victorieux, on a dit plus tard qu'il devait – entre autres – le succès de ce fait d'armes à cette étourderie.

PORTER DES ŒUFS
AUX CLARISSES

Voici une bien originale superstition. Le jour d'un mariage ou d'une fête de famille, les hôtes espèrent une journée radieuse. Mais comment peut-on prévoir le temps qu'il fera ? On dit alors qu'apporter des œufs aux Clarisses (les religieuses de l'ordre fondé par sainte Claire) serait de bon augure. À l'origine de cette tradition moyenâgeuse, il y a des marins. Ceux-ci se sont un jour retrouvés au beau milieu d'une terrible tempête. Ils se sont alors juré de faire un don aux Clarisses s'ils s'en sortaient. Arrivés à bon port, ils apportèrent donc des œufs aux moniales (plutôt que de la viande, puisqu'elles n'en mangeaient pas). Aujourd'hui, on peut toujours leur apporter des œufs ou autres denrées périssables pour espérer un ciel éclatant le jour J. Mais aussi, tout simplement, leur envoyer un chèque… Le soleil n'a pas de prix.

ÉTERNUER
TROIS FOIS

Petite consolation pour les enrhumés : un éternuement, vous devez faire un souhait, deux éternuements, vous recevrez un baiser, trois éternuements, un cadeau ! Dans l'Antiquité, lorsqu'on éternuait, on ne disait pas « À vos souhaits » comme aujourd'hui mais « Que Dieu vous bénisse ». En effet, chacun craignait que cette expiration soit les prémisses de la peste. Une maladie dont on ne guérissait pas… Si éternuer le matin porte malheur, il est de bon augure d'éternuer l'après-midi. Enfin, trois éternuements d'affilée sembleraient indiquer que vous vivrez dans les jours qui viennent un grand bonheur. Sachez enfin que ce serait les démons qui chatouilleraient nos narines pour nous rendre fous…

FAIRE SAUTER DES CRÊPES
AVEC UNE PIÈCE DANS LA MAIN

La Chandeleur est une tradition catholique commémorant la présentation de l'Enfant Jésus au Temple de Jérusalem. Au VIe siècle, les chrétiens célébraient le Christ apportant la Lumière au monde, tous les 2 février, en allumant des cierges qu'ils rapportaient chez eux sans les éteindre afin d'être sous la protection du Seigneur l'année durant. C'est le pape Gélase Ier qui aurait eu l'idée de distribuer non plus des cierges mais des crêpes ce jour-là. Ces crêpes ne rappellent-elles pas, par leur forme, l'astre solaire ? Une manière de conjuguer la Lumière de Dieu et les jours qui, en cette période, commencent à allonger. Une tradition qui devint pérenne. Les superstitions ont agrémenté ce folklore culinaire : il faut faire sauter la crêpe de la main droite et tenir une pièce en or dans la main gauche pour s'assurer la prospérité toute l'année.

PLACER UN COUTEAU
SOUS SON MATELAS

Il existe une recette infaillible pour les insomniaques. On raconte que pour dormir tranquille et éloigner les cauchemars, il faut placer un couteau sous son matelas ! C'est en tout cas une vieille croyance que certains superstitieux continuent d'adopter aujourd'hui encore. Chez les Acadiens, pour soulager les douleurs d'un malade, on utilise cette même méthode. Certains glissent une paire de ciseaux ouverte entre le sommier et le matelas des bébés ou des jeunes enfants pour leur éviter tout mauvais rêve. Cette dernière façon de faire étant tout de même un peu curieuse, voire inquiétante ! D'une manière générale, le métal de la lame d'un couteau protège toujours des esprits maléfiques.

FAIRE SAUTER
LE BOUCHON DE CHAMPAGNE

On ne fait pas plus festif. Le champagne est la boisson de la célébration heureuse et de la bonne fortune ! C'est pourquoi on baptise les bateaux en jetant une bouteille sur la coque pour les protéger des intempéries. Attention ! La bouteille doit se briser du premier coup. Plus couramment, pour solliciter la chance, rien de tel que de faire sauter bruyamment le bouchon de la bouteille. Celui qui le rattrapera pourra le garder comme porte-bonheur. Si quelques gouttes s'échappent, trempez immédiatement le doigt dans votre coupe puis tamponnez délicatement l'arrière de vos oreilles, comme si vous mettiez du parfum, et faites un vœu.

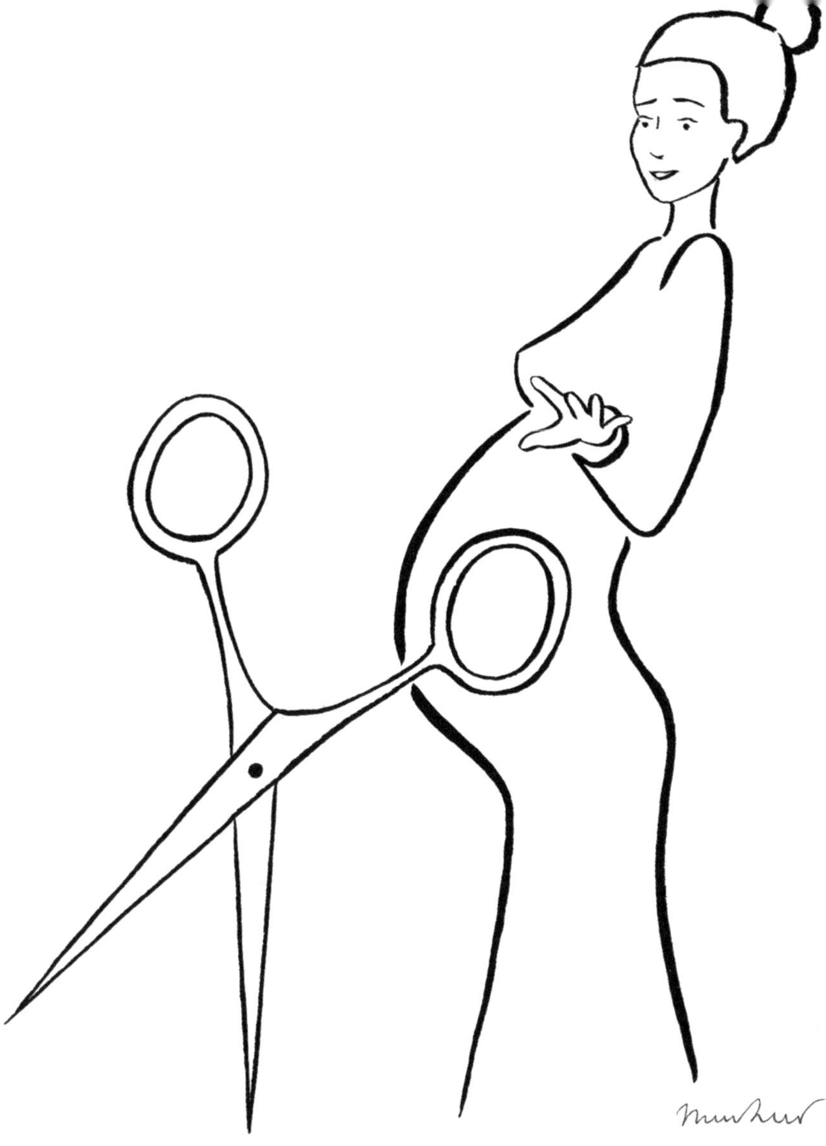

FAIRE TOMBER
DES CISEAUX

On retrouve beaucoup de paires de ciseaux dans les superstitions. Elles pouvaient, dans certaines croyances, repousser les mauvais esprits. En les accrochant à une poignée de porte, elles permettent de retrouver un objet perdu. Et, si d'aventure, une femme enceinte les fait tomber, elle aura, à coup sûr, une petite fille ! Si vous n'attendez pas de bébé mais que les ciseaux vous tombent des mains, c'est encore un présage : s'ils sont ouverts, attendez-vous à la visite d'une personne qui vous ennuie. S'ils sont fermés, à la visite d'une personne aimée. Enfin, comme pour les couteaux, si vous offrez à un ami une paire de ciseaux, demandez-lui en échange une pièce de monnaie afin que votre amitié perdure.

ATTRAPER LE BOUQUET
DE LA MARIÉE

C'est le moment qu'attendent impatiemment toutes les célibataires lors d'une cérémonie de mariage. Attraper le bouquet que lance la jeune épousée est un signe : l'amie qui le saisit devrait être alors la prochaine à convoler ! Si cette tradition est très en vogue aux États-Unis, les avis sont partagés sur l'origine de cette tradition. Pour certains, elle viendrait donc d'outre-Atlantique, pour d'autres, ce serait un rituel français du XVIe siècle. Qu'importe, l'essentiel est d'être la plus rapide à cette occasion. Quant au bouquet de la mariée lui-même, il remonterait aux temps des croisades et était composé de fleurs d'oranger, qui, comme chacun sait, sont le symbole de la virginité. Si c'est à présent la fiancée qui choisit son bouquet, en fonction des teintes de sa robe, c'était auparavant au promis de s'en occuper.

TROUVER UNE PIÈCE DANS LA RUE

Évidemment, ça n'arrive pas tous les jours. Mais si vous trouvez une pièce de monnaie sur le trottoir, sachez que c'est votre jour de chance (même s'il s'agit de quelques centimes). Les plus scrupuleux doivent déclarer, avant même de poser leur pied sur la pièce : « Argent qui danse, c'est l'abondance » (ceci n'est évidemment pas obligatoire !). Pour obtenir un maximum de chance, la pièce en question doit être trouée (plus difficile avec les euros !) et frappée de votre année de naissance. Attention ! Si c'est un billet que vous ramassez, dépensez-le toute affaire cessante. En effet, si vous le gardez pour vous, vous devriez avoir quelques problèmes pécuniaires. Si vous l'utilisez sur-le-champ, il devrait vous procurer une belle aisance financière !

TROUVER UN TRÈFLE
À QUATRE FEUILLES

Il est si rare que certains passent des heures à le chercher parmi tous les autres. Patience : on compte un trèfle à quatre feuilles pour 10 000 trèfles ordinaires, un dur labeur ! Pour les chrétiens, chacune de ses feuilles a une signification : l'espérance, la foi, la charité et enfin… la chance. Un symbole qui vient de loin puisqu'on dit qu'Ève emporta un trèfle dans le jardin d'Éden. Pour les druides celtiques, il faisait fuir les mauvais esprits, mieux, il permettait à son propriétaire de percevoir la présence de démons. Toujours est-il que si l'on trouve un de ces jolis trèfles à quatre feuilles, il est bien de le conserver sur soi ou, soyons généreux, de l'offrir à ceux que la chance semble avoir abandonnés.

EN ALLEMAGNE
FRAPPER LA TABLE DANS UN BAR

Dans les bars ou restaurants allemands, on trouve toujours le Stammtisch, grande table qui permet aux habitués de boire un verre tous ensemble. La tradition veut qu'avant de trinquer, chaque participant tape sur la table. Celle-ci est toujours en bois de chêne, un matériau sacré qui, selon une légende moyenâgeuse, ne peut être touché par le Diable. En frappant sur la table, les consommateurs prouvent qu'ils ne sont pas des complices de Satan ! Sachez aussi que les Allemands ne trinquent jamais avec de l'eau. Ce serait une manière de dire que vous souhaitez la mort de ceux qui vous entourent.

EN SLOVÉNIE
SE LEVER TÔT LE JOUR DE L'AN

Les Slovènes croient que si l'on se réveille tôt au Nouvel An, on se réveillera tôt toute l'année et que si on se réveille tard ce jour-là, on se réveillera tard les 364 jours suivants ! Voir une araignée ou une coccinelle porte chance en Slovénie, comme dans de nombreux pays. Mais ce ne sont pas leurs seuls porte-bonheur, il faut aussi ajouter le chat blanc, le cochon et l'éléphant ! Quant au coucou, il annonce une richesse certaine, à une seule condition : que vous ayez de l'argent dans vos poches quand il se met à chanter. Lorsqu'un Slovène aperçoit une cigogne construisant son nid près d'une maison, il sait d'avance que la femme qui y habite attendra très bientôt un heureux événement.

AU MEXIQUE
PORTER UNE VALISE VIDE

À la Saint-Sylvestre, vous pourriez faire de drôles de rencontres en vous promenant dans les rues mexicaines. En effet, une tradition veut que tous ceux qui rêvent de voyager dans l'année qui vient doivent se balader dans les rues avec une valise vide. Ce serait le plus sûr moyen de partir au bout du monde ! Pour tous ceux qui préfèrent rester chez eux en cette soirée de festivités, il suffit de placer sa valise devant la porte ou le porche de sa maison. Toujours au Mexique, les femmes enceintes ont elles aussi droit à leur superstition : elles attachent autour de leur ventre un ruban rouge avec une clé qui éloigne les effets nocifs de la pleine lune et du tonnerre : un porte-bonheur pour une grossesse sereine.

AU DANEMARK
JETER DE LA PORCELAINE BRISÉE

Les Danois ne jettent jamais leurs assiettes, verres et autres plats ébréchés ou brisés. Ils les gardent même tout au long de l'année. Une bonne raison à cela : le 31 décembre, il est de coutume de se rendre chez ses voisins en emportant tous ces morceaux de porcelaine ou de verre puis de les jeter vigoureusement sur le sol, devant leur porte. N'y voyez aucun signe de malveillance, bien au contraire. Trouver de la porcelaine en miettes devant chez soi est de bon augure pour commencer l'année. Mieux : plus on trouve de débris, plus on passera une belle année ! Autre superstition, romantique cette fois : si une femme aperçoit un corbeau noir et blanc, elle sait que son futur bien-aimé arrivera par la mer.

AU BRÉSIL
PORTER DU BLANC

Au Brésil, le 31 décembre est une date importante. On fête la fin de l'année avec moult feux d'artifice dans tous le pays. À Rio, il est spectaculaire, d'autant que l'immense foule est habillée en blanc. Le blanc, pour les Brésiliens, chasse les mauvais esprits et attire la chance. Autre coutume des Cariocas, pour se porter bonheur toute l'année : sauter sept fois dans les vagues de la plage de Copacabana. D'autres font offrande de roses blanches à Iemanja, la déesse de la mer. Le Brésil est le pays du café, qui est une boisson incontournable dans le pays. La croyance veut que si vous voulez devenir riche, il faut toujours mettre le sucre dans votre tasse avant de vous verser le café et jamais le contraire.

EN BULGARIE
JETER DE L'EAU SUR LE SOL

Lorsqu'on quitte sa maison pour un long voyage, qu'on se rend à un examen, qu'on se marie ou qu'on va passer un entretien d'embauche, quand on s'apprête à passer une journée importante, les Bulgares jettent de l'eau sur le sol devant la personne concernée. Ainsi, tout se passera bien, tout coulera aussi facilement que l'eau qui ruisselle, dit la tradition. C'est leur manière de souhaiter bonne chance et de rassurer celui qui sort de chez lui pour vivre ce grand événement. On dit aussi que, lorsqu'un jeune couple achète une maison, il doit laisser entrer un chat, symbole de chance en Bulgarie. Là où l'animal se couche, le couple installera son lit et devrait vivre heureux toute sa vie.

EN GRANDE-BRETAGNE
TROUVER UN PENNY

Le métal fut longtemps considéré comme un don de Dieu. C'est sans doute la raison pour laquelle les pièces de monnaie portent chance dans de nombreux pays. Et particulièrement en Grande-Bretagne, où trouver un penny par terre est de très bon augure. On dit là-bas qu'il faut découvrir la pièce sans la chercher et jamais tête baissée sinon le charme serait rompu. Si vous décidez de donner ce penny à quelqu'un, vous lui donnez en même temps la chance qui vient de vous être accordée. Les Britanniques, contrairement à d'autres pays, n'ont pas peur des chats noirs. Ils sont, au contraire, très populaires puisqu'une jeune fille qui en aperçoit un serait sûre de se marier prochainement.

EN FINLANDE
LIRE DANS LA MOUSSE DU CAFÉ

En Finlande, on a une manière bien particulière de lire l'avenir, en tous les cas sur le plan financier : les habitants de ce pays lisent dans la mousse qui se forme dans leur tasse de café. Et regardent attentivement les bulles qui apparaissent à la surface : si l'une d'elles se dirige vers le buveur, il devrait recevoir une belle somme. Si, au contraire, elle s'éloigne, il perdra de l'argent. Les Finlandais pensent aussi que si vous vous brûlez les lèvres avec un café trop chaud, c'est que celle qui vous a invité est en colère. Enfin, une légende dit que boire du café froid rend beau ! Rien ne nous empêche d'essayer…

MALCHANCE

CROISER
UN CHAT NOIR

Si les chats sont considérés comme les plus attachants des animaux domestiques, le pauvre matou à la fourrure noire suscite encore et toujours quelques appréhensions. C'est au Moyen Âge qu'a débuté sa sombre réputation. On le croyait alors complice des sorcières, qui, disait-on, prenaient l'apparence du chat noir pour passer inaperçues. On était aussi certain qu'il était toujours à l'affût, prêt à jeter un sort à celui qui le croisait. Le noir, il est vrai, était le symbole du Diable et, pour s'en protéger, de nombreux chats ont été persécutés, torturés, condamnés à une mort atroce. Au XVIIIe siècle, cette terrible tradition cessa et les félins ont pu vivre dans la quiétude la plus totale. Aujourd'hui, les superstitieux préfèrent ne pas le croiser dans les rues, et moins encore lorsqu'il apparaît par la gauche, le côté qui porte malheur…

OFFRIR
DES MOUCHOIRS

Offrir des mouchoirs peut provoquer un incident diplomatique ! En effet, une superstition veut qu'ils soient le symbole de larmes futures. Il ne faut donc jamais en faire cadeau sous peine de faire souffrir celui ou celle qui les recevra. Et si vous empruntez un mouchoir à un ami, vous empruntez, par la même occasion, ses larmes ! Il est aussi mal venu de s'échanger ou de s'offrir des mouchoirs entre fiancés. Ils pourraient alors se disputer, pire, rompre définitivement. Sachez aussi que nos voisins belges ne ramassent jamais un mouchoir trouvé par terre, ce serait le signe de pleurs durant toute l'année. Aujourd'hui, le papier a remplacé le tissu et toutes ces croyances, heureusement, n'ont plus d'effet néfaste.

SE PASSER LE SEL
DE MAIN EN MAIN

L'arsenic a longtemps été un poison utilisé pour supprimer idéalement son ennemi. Ce poison terrible ressemblait, à s'y méprendre, au sel, et cette similitude rendait le crime efficace et discret. Très vite, chacun s'est méfié des convives qui proposaient une salière à son voisin de table : on redoutait que cet ami si serviable veuille nous assassiner. Pour être sûr de ne pas se faire bêtement avoir, on préférait refuser la salière proposée et en prendre une autre sur la table. Aujourd'hui, il n'est plus question d'empoisonnement, mais, en souvenir de cette triste époque, il est recommandé de ne jamais se passer la salière de la main à la main. Il vaut mieux la poser sur la table pour que votre voisin la manipule lui-même.

PASSER
SOUS UNE ÉCHELLE

Chacun le sait, passer sous une échelle porte malheur et l'origine de cette superstition est multiple. Il est possible qu'elle ait à voir avec sa position : collée contre un mur, elle compose un triangle, forme géométrique symbolisant la Sainte Trinité. La franchir serait alors perçu comme une profanation. On dit aussi que l'échelle était toujours présente lors de condamnations à mort par pendaison, utilisée pour attacher la corde à la potence. Le détenu devait passer sous elle pour accéder au pilori. On connaît le sort qui lui était réservé… Enfin, les chrétiens savent qu'une échelle a été utilisée au pire moment, selon l'Évangile : pour hisser le corps de Jésus sur la croix. D'autres ne passent jamais sous une échelle pour des raisons plus pragmatiques : ne pas faire tomber celui qui y est monté ou éviter de recevoir des gravats et autres débris lors de travaux. Mieux vaut prévenir que guérir.

VOIR LA ROBE DE MARIAGE
DE SA FIANCÉE

Bien sûr, le fiancé ne doit jamais apercevoir sa future femme avant la cérémonie ! Cette célèbre tradition nous vient d'une époque où les mariages étaient arrangés et où les jeunes gens qui s'apprêtaient à convoler ne s'étaient jamais rencontrés. Les parents du fiancé ne voulaient pas prendre de risques : et si leur fils, en apercevant sa promise, partait à toutes jambes en abandonnant la jeune fille à son triste sort ? Humiliation insupportable ! Aujourd'hui, cette superstition est toujours d'actualité mais pour une tout autre raison : on croit que le mariage sera voué à l'échec si les époux ne font que s'entrecroiser. Par ailleurs, quoi de plus émouvant que de découvrir sa future épouse en robe de mariée en ce grand jour ? Une surprise toujours bouleversante.

SE TROUVER
TREIZE À TABLE

Spontanément, on pense à la Cène, le dernier repas de Jésus. Le 13e invité à cette table était Judas, le traître, celui qui envoya le Christ sur la croix. Depuis la nuit des temps, les superstitieux détestent être 13 à table, à tel point qu'il est grossier d'imposer ce chiffre à ses convives. Dans l'imaginaire collectif, c'est le plus jeune de la tablée qui fera les frais de ce triste hasard : il mourra le premier. Les plus pragmatiques racontaient que les maîtresses de maison détestaient ce nombre d'invités pour la simple raison que leur service ne comportait que 12 assiettes et qu'ajouter une assiette dépareillée brisait l'harmonie de leur table. Quoi qu'il en soit, si vraiment vous ne pouvez faire autrement, trouver in extremis un 14e invité ou mieux, si possible, dressez deux petites tables séparées au lieu d'une grande.

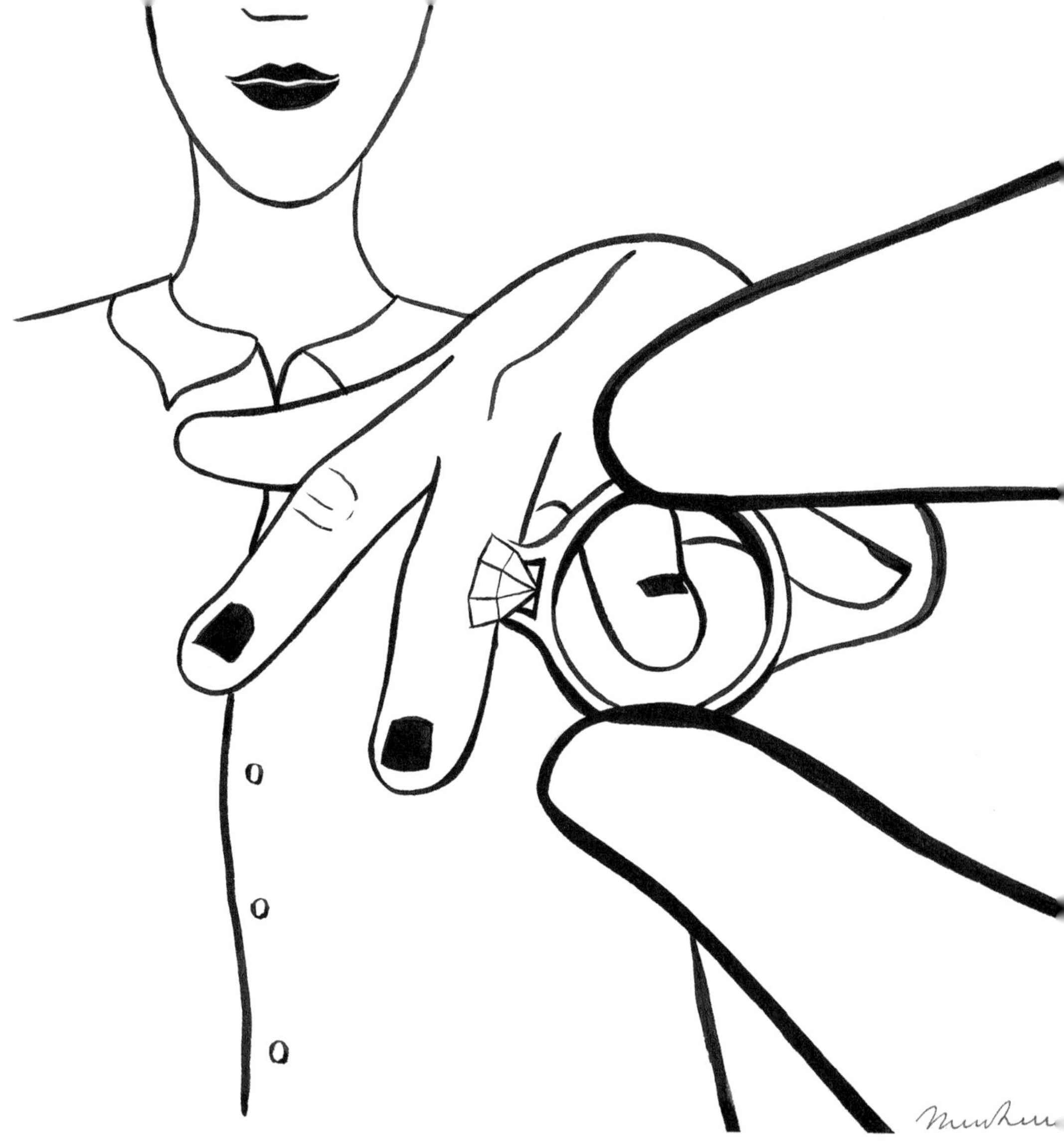

SE TROMPER DE TAILLE
POUR LA BAGUE DE FIANÇAILLES

Il serait de bien mauvais augure de choisir une bague de fiançailles trop petite ou, encore, trop grande. Se tromper dès les premiers instants d'un engagement promet des jours difficiles… En outre, certains jours sont plus propices pour cet achat symbolique : évitez ainsi de vous rendre chez un bijoutier le jeudi ou le vendredi, sinon votre couple ne sera jamais harmonieux, tandis que les autres jours de la semaine vous apporteront bonheur et joie. Enfin, tout comme pour l'alliance de mariage, la future épouse portera sa bague de fiançailles à la main gauche, celle du cœur. Et, jamais, elle ne la prêtera ni ne la fera essayer, même à sa meilleure amie : ce serait porter malheur au couple qu'elle formera bientôt.

PORTER DU VERT
SUR LA SCÈNE D'UN THÉÂTRE

On ne verra jamais un comédien porter sur scène un vêtement de couleur verte. Superstition ancienne, mais toujours d'actualité, son origine est multiple. On raconte que pour obtenir des étoffes vertes, il fallait, au Moyen Âge, utiliser de l'oxyde de cuivre. Ce composé chimique toxique effrayait les comédiens qui revêtaient les costumes à même la peau. On dit aussi qu'à la même époque, lorsqu'on jouait *La Passion du Christ*, Judas était toujours vêtu de vert et que ce malheureux interprète se faisait systématiquement brutaliser par le public en sortant de scène. Enfin, la légende veut que Molière soit mort en interprètant *Le Malade imaginaire* dans un costume vert. Cette histoire-là est fausse : on sait que le dramaturge n'est pas décédé sur scène mais quelque temps plus tard, et qu'il rendit son dernier soupir vêtu d'une robe de chambre rouge !

SAIGNER
DE LA NARINE GAUCHE

Ces petites hémorragies qui surviennent quand on ne s'y attend pas ne sont jamais très agréables. De plus, saigner de la narine gauche est un mauvais présage, annonçant maladies graves ou même une mort prochaine. Pour sortir de ce mauvais pas, une manipulation est, paraît-il, efficace : celle de poser une clef à la base du cou. Pour d'autres, le mieux est encore d'écrire INRI (*Iesvs Nazarenvs, Rex Ivdæorvm*, soit « Jésus le Nazaréen, roi des Juifs ») avec son sang. Sachez également qu'on ne devrait jamais embrasser quelqu'un sur les narines : ce geste pourtant sympathique rappellerait l'étouffement et porterait malheur.

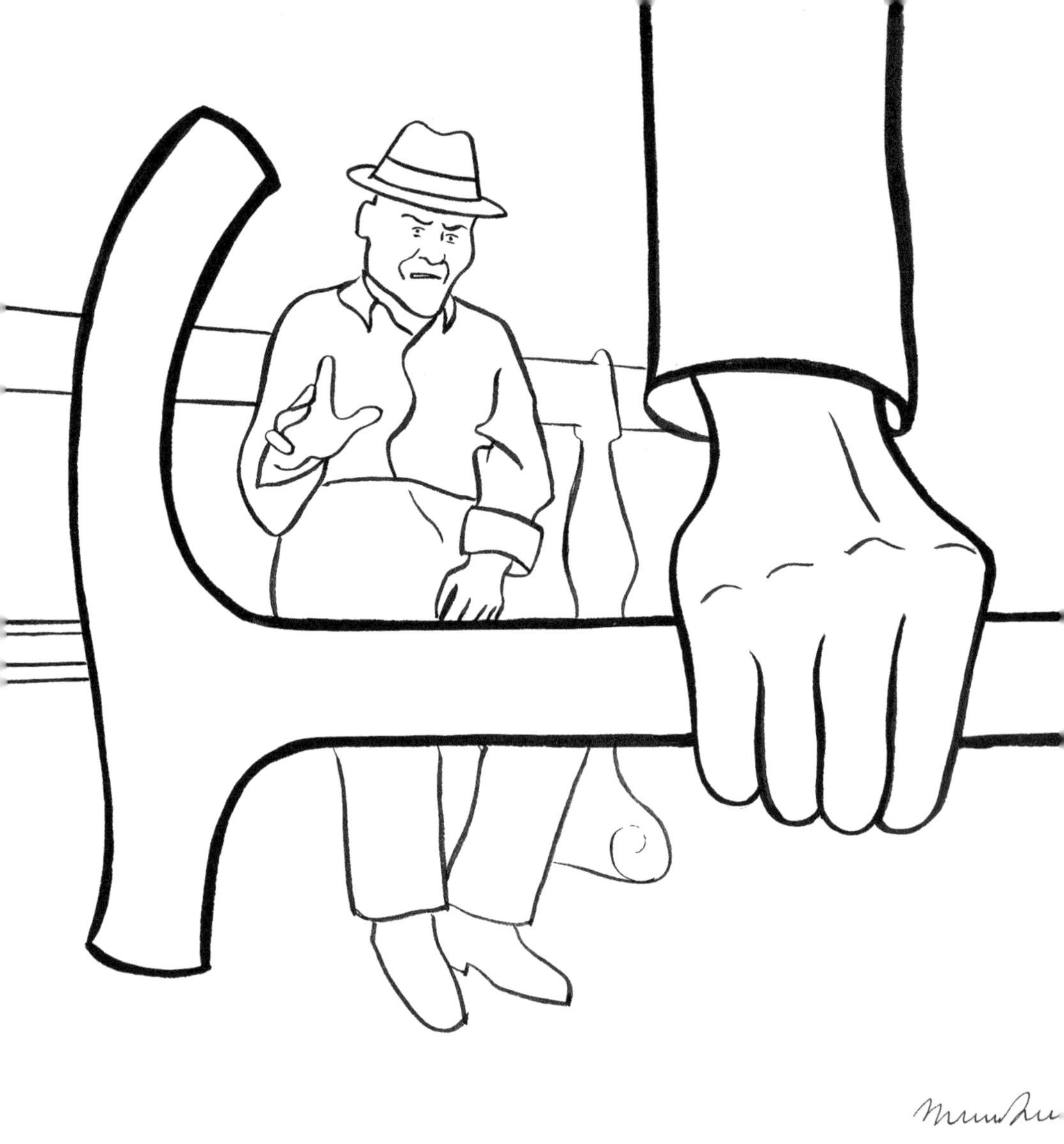

UTILISER LES BÉQUILLES
DE QUELQU'UN D'AUTRE

Qui n'a jamais voulu essayer les béquilles d'un ami qui s'est cassé la jambe ? Curiosité compréhensible sans doute, mais qui n'apporte que du malheur. La superstition dit que celui qui utilise les béquilles ou la canne de quelqu'un d'autre subira, à son tour, un triste sort : il sera victime d'un accident, tombera malade ou mourra. Gare à vous ! Mais si, par mégarde, vous faites tomber une canne, n'y voyez que de bons signes comme celui, par exemple, d'une visite amicale, voire d'un rendez-vous amoureux. En revanche, laisser tomber volontairement cette même canne ou encore la perdre sont présages de multiples chagrins.

DIRE LE MOT « LAPIN » SUR UN BATEAU

Le lapin est un animal maudit pour les marins. Autrefois, lors des longues traversées en mer, on apportait à bord des animaux comestibles afin de s'alimenter pendant ces longs mois de navigation. Les lapins étaient enfermés dans des cages en osier qu'ils avaient vite fait de ronger afin de s'en libérer. En se baladant sur le navire, ils grignotaient tout sur leur passage. Et en particulier les cordages et la coque du bateau. On raconte que de nombreux naufrages furent causés par la faute de ces petits mammifères. Depuis, le mot « lapin » est non seulement interdit d'être prononcé à bord mais, et uniquement si on ne peut faire autrement, on emploiera les mots « animal à grandes oreilles » ou « langoustine des prés ».

CHANGER SES DRAPS
LE VENDREDI

Encore une superstition liée au vendredi ! Cette fois, elle prendrait son origine des exécutions de condamnés à mort. Le passage à la guillotine se faisait toujours le vendredi. Lorsque l'individu avait succombé, on le couvrait d'un linceul. Linceul qui ressemble, vous l'avez compris, aux draps des lits. Une similitude plutôt morbide mais qui frappait les esprits. Depuis des siècles, on évite absolument ce jour de la semaine pour changer ses draps. Une autre superstition veut que tomber malade un vendredi et se faufiler dans ses draps pour se reposer n'est pas une bonne idée : il y aurait alors peu d'espoir de guérir…

OFFRIR
DES COUTEAUX

Il ne faut jamais offrir de couteaux à ceux qu'on aime. Tous les objets tranchants coupent l'amitié entre la personne qui en fait cadeau et celui qui le reçoit. Rassurez-vous, il existe un moyen très simple de conjurer ce mauvais sort : donner en retour une pièce de monnaie. Celle-ci, ne pouvant en aucun cas être coupée, représente la solidité éternelle de l'amitié. Au Moyen Âge, lorsqu'on donnait un couteau, on réclamait une pièce pour ne pas être tenu responsable des actes de violence qui pourraient être commis avec l'arme tranchante. On devenait un vendeur et non plus un simple donateur, se dégageant ainsi de toute responsabilité en cas d'homicide ! Il paraîtrait que même la reine Elizabeth II d'Angleterre remet toujours un penny lorsqu'on lui offre des couteaux…

SIFFLER
DANS UN THÉÂTRE

Que ce soit sur scène ou en coulisse, côté cour ou côté jardin, on ne doit jamais siffler dans un théâtre. Cette superstition viendrait des machinistes qui communiquaient entre eux en sifflant. Chaque sifflement avait une signification, un langage codé qui leur permettait de changer les décors au moment adéquat. Si un comédien se mettait à siffloter non loin d'eux, il semait la confusion et gênait les techniciens dans leur travail. On présume également que siffler dans un théâtre attirerait les sifflements des spectateurs… Une dernière explication : auparavant, les rampes de la salle étaient allumées grâce à une veilleuse au gaz. Si la veilleuse s'éteignait, elle produisait un bruit caractéristique, proche du sifflement, et pouvait faire exploser la salle. Pour ne pas se faire de frayeur, on demandait à la troupe de ne jamais siffler.

DONNER LE BERCEAU
D'UN BÉBÉ À UN AUTRE

On ne sait pas d'où viennent ces superstitions sur les bébés. Ce qui est sûr, c'est qu'elles sont très efficaces pour faire peur aux parents ! La légende dit que faire passer un bébé par-dessus une table est proscrit : l'enfant pourrait rester petit toute sa vie ! On ne doit pas non plus tapisser son berceau trop tôt avant sa naissance : il serait plus tard sujet aux maux de ventre. Autrefois, on ne donnait pas le landau d'un enfant à un autre : celui-ci recevait alors toutes les maladies du premier occupant. Enfin, ne balancez jamais un berceau vide. Les âmes maléfiques s'y réfugieraient pour être câlinées et ne voudraient plus jamais en sortir…

CASSER UN MIROIR

Sept ans de malheur pour celui qui casse un miroir est une célèbre superstition qui nous viendrait des Romains. On pensait, à cette époque, que les miroirs volaient l'âme de ceux qui s'y miraient. Lorsqu'ils cassaient une glace, leur âme se brisait en même temps. Les Romains pensaient aussi que l'être humain se régénérait tous les sept ans, puis qu'un nouveau cycle recommençait. Il fallait donc attendre tout ce temps pour que l'âme redevienne pure comme au premier jour. La vie reprenait alors son cours sous les meilleurs auspices. Pour conjurer le mauvais sort si, par accident, vous avez brisé un miroir, gardez les débris et allez les jeter dans un fleuve, le courant emportant avec lui les maléfices. Ou enterrez ce qu'il en reste. Quoi qu'il en soit, il ne faudrait jamais garder chez soi des morceaux de miroir brisé.

SOUHAITER
UN ANNIVERSAIRE AVANT L'HEURE

Fêter son anniversaire avant l'heure est un mauvais présage. Vous pourriez passer une année exécrable. Il n'est pas toujours aisé de célébrer l'événement le jour J et pourtant… les superstitions, elles, ne dérogeraient jamais à la règle. Nous avons une pensée pour les natifs du 29 février qui, s'ils suivent cette règle, ne célèbrent leur anniversaire que tous les quatre ans ! Nous espérons qu'ils ne croient pas en cette vieille tradition et qu'ils fêtent leur anniversaire la veille ou le lendemain. Sachez enfin que pleurer le jour de son anniversaire est de très mauvais augure : si vous ne séchez pas vos larmes, vous pourriez bien être malheureux toute l'année.

PERDRE
SON ALLIANCE

D'aucuns diraient que perdre son alliance est un acte manqué on ne peut plus explicite ! Mais les superstitieux prennent très au sérieux cette tragédie ! Évidemment, cette perte est très inquiétante : elle symboliserait la mort de l'un des deux mariés. Pour conjurer ce sort, l'époux doit très vite en acheter une autre tout à fait semblable. Puis la passer au doigt de sa femme dans les mêmes conditions que le jour des noces (ou l'inverse si c'est l'homme qui l'a perdue). Encore une superstition oubliée : un couple ne devrait pas choisir ses alliances ensemble, mais séparément, évitant ainsi que le mariage soit annulé. Enfin, sachez que si l'homme ne parvient pas à dépasser la deuxième phalange en passant à sa femme l'alliance, c'est elle qui commandera à la maison !

ALLUMER 3 CIGARETTES
OU 3 BOUGIES

Cette superstition date de la Première Guerre mondiale, triste page de l'Histoire, où les soldats français et allemands se tenaient parfois les uns en face des autres à quelques mètres de distance. Protégés par les tranchées, ils s'accordaient un moment de répit en fumant une cigarette. On disait alors que la flamme de l'allumette attirait d'abord l'attention de l'ennemi. Lorsque le soldat passait l'allumette à son voisin, la flamme indiquait cette fois l'endroit précis où ils se trouvaient et l'ennemi pouvait épauler son fusil. C'est le troisième fumeur qui recevait le coup de feu. Depuis la Grande Guerre, on préfère éviter d'allumer trois cigarettes avec une seule allumette : on pense que le plus jeune des trois fumeurs mourra dans l'année. Cette superstition s'est étendue aux bougies : sur une scène de théâtre on ne les allume jamais par trois. Celui ou celle qui se trouverait le plus près de l'une d'elles pourrait bien périr dans l'année.

SE COUPER LES ONGLES UN VENDREDI

Se couper les ongles le vendredi ou le dimanche porte malheur : les rognures feraient grandir les cornes du Diable et donneraient à Satan un pouvoir encore plus malfaisant. On ne doit jamais les couper quand on se tient dans une maison qui n'est pas la nôtre, où le malheur s'abattra sur les habitants de ladite demeure. On dit aussi qu'il vaut toujours mieux récupérer ses rognures : quelqu'un de mal attentionné pourrait les utiliser pour fabriquer un philtre maléfique. Il ne faut pas non plus couper les ongles d'un enfant de moins d'un an ou vous en feriez un voleur. Enfin, se couper les ongles la nuit rendrait fou, mieux vaut attendre que le jour se lève pour se faire une manucure !

PRONONCER
LE MOT « CORDE » AU THÉÂTRE

Dans un théâtre, aucun comédien, metteur en scène ou technicien ne prononcent le mot « corde », un nom qui porte malheur. On entend : guinde, drisse, fil ou chanvre, mais pas le terme maudit ! Cette superstition est née du temps des premiers machinistes de théâtre. Ils étaient pour la plupart d'anciens marins qui donnaient aux différents filins une appellation précise comme lorsqu'ils étaient aux manœuvres. Ils ne prononçaient ce mot fatidique que pour désigner la corde qui tirait la cloche avec laquelle on saluait les morts. Funeste ! On raconte aussi qu'au Moyen Âge, les acteurs ne mangeaient pas toujours à leur faim. Il arrivait qu'ils volent de quoi se sustenter et, lorsqu'ils se faisaient prendre, se retrouvaient pendus au bout d'une corde. Il est entendu que celui qui, par mégarde, profère le mot « corde » dans le théâtre doit offrir une tournée à toute l'équipe, conjurant ainsi le mauvais sort.

OUVRIR UN PARAPLUIE
DANS UNE MAISON

Tout le monde le sait (ou presque) : on n'ouvre jamais son parapluie dans une maison. Au XVIIIe siècle, les parapluies à armatures métalliques font leur apparition à Londres. Lourds, peu pratiques, leurs systèmes d'ouverture provoquaient quelquefois de petits accidents. En effet, il arrivait fréquemment qu'en l'ouvrant, on blessait quelqu'un ou l'on cassait les bibelots alentours. Ainsi, certains pensaient qu'ouvrir un parapluie dans son foyer était un signe de disputes imminentes. Quelques méchantes langues affirment que les marchands de parapluies profitaient de cette superstition : les baleines rouillaient bien plus vite quand les parapluies humides étaient fermés et leurs clients revenaient plus souvent leur en acheter un nouveau !

CRAINDRE
LE VENDREDI 13

Pour les Grecs et les Romains, le chiffre 12 était celui de la perfection, de l'harmonie. Souvenez-vous des 12 travaux d'Hercule, des 12 signes du Zodiaque, des 12 dieux de l'Olympe. Le 13, qui arrive juste après, détruisait ce bel équilibre et était considéré comme un chiffre porte-malheur. Et puis, pour les chrétiens, le 13 leur rappelle immanquablement la Cène, le dernier repas du Christ où 13 personnes étaient attablées. Le 13e ? Judas, le traître, celui qui dénonça Jésus. Jésus qui fut crucifié un vendredi. Un double maléfice que craindront des générations de superstitieux. On les appelle les paraskevidékatriaphobes ! Aujourd'hui, le vendredi 13 est, pour certains, une date porte-bonheur, une manière, sans doute, de contrecarrer cette pessimiste croyance. C'est en tout cas le jour où grand nombre de joueurs participent au tirage du Loto !

PORTER DES PERLES
QUAND ON SE MARIE

Il est tentant de se parer de perles blanches le jour de son mariage : une pierre discrète et en harmonie avec une robe blanche. Hélas, c'est le bijou qu'il ne faut porter en aucune façon. Les perles sont le symbole des larmes et sont censées apporter tristesse et chagrin. Il ne faudrait pas non plus qu'elles ornent une bague de fiançailles pour les mêmes raisons. Quant au collier de perles qui se casserait, il annonce des drames à venir aussi nombreux que les pierres qui le composent ! Le bijou idéal pour un mariage est le diamant, évidemment plus onéreux, mais qui est l'éternel emblème de l'amour que se portent un homme et une femme.

REDOUTER
LE HIBOU

De tous temps, le hibou a été considéré comme un oiseau de mauvais augure. Chez les Égyptiens, il était le symbole de la nuit et du trépas. Chez les Romains, il était perçu comme le messager de la mort. Beaucoup de superstitions sont associées à ce pauvre volatile : s'il ulule pendant la journée, cela signifie qu'un malheur va s'abattre dans les jours qui viennent. Si l'on rêve du hibou, c'est que notre avenir sera funeste. Et lorsque nous apercevons un hibou se poser sur le toit d'une maison, ses habitants seront exposés aux pires tragédies. Dire que cet animal inoffensif était autrefois vénéré par les anciens qui voyaient en lui un symbole de sagesse et de clémence…

MONTRER DU DOIGT

On nous l'a appris dès notre prime jeunesse, il est mal élevé de montrer quelqu'un du doigt. Ce que l'on sait moins, c'est que ce geste, a priori anodin, porte malheur ! L'origine de cette superstition remonte au Moyen Âge. La croyance dans les sorcières était alors extrêmement vive. Or, le pouvoir surnaturel de ces vilaines ensorceleuses passait par leur mauvais œil mais aussi par leur doigt tendu vers la personne qu'elles voulaient envoûter. Lorsque vous montrez une personne du doigt, celle-ci pourrait croire que vous lui voulez du mal ! On dit également que l'on ne désigne pas de l'index un bateau. Les marins y voient le signe funeste d'un naufrage prochain.

PARLER
DE « MACBETH » AU THÉÂTRE

La pièce de Shakespeare, *Macbeth*, est évidemment un chef-d'œuvre. Si personne n'osera dire le contraire, le monde du théâtre ne veut plus jamais prononcer son titre. On a toujours considéré cette pièce comme maudite. L'explication en est simple : la légende raconte qu'elle n'a jamais été représentée sans qu'un acteur ne soit tué ou sérieusement blessé pendant la représentation (même si aucun historien n'a jamais rien trouvé sur le sujet). Mais comment imaginer ne pas la monter ? Un moyen simple a été trouvé pour parler de *Macbeth* sans craindre les foudres de la fatalité : l'appeler « la pièce écossaise » car elle se déroule dans cet État du Royaume-Uni. Depuis, aucun incident n'a été déploré !

RENVERSER DU SEL
SUR LA TABLE

Encore une superstition célèbre qui prend racine dans la Bible. Lors du dernier repas du Christ, Judas, le traître, aurait renversé une salière sur la table. On sait le malheur qui en suivit. Renverser du sel, ce serait l'annonce d'une dispute avec l'ami situé en face de soi. Mais c'est aussi un signe de malchance. Pour conjurer le sort, celui qui a commis ce crime de lèse-majesté doit attraper quelques grains et les jeter par-dessus son épaule gauche. Il éloigne ainsi toutes les malédictions et peut continuer ses agapes tranquillement. On raconte aussi que le sel était au Moyen Âge une denrée particulièrement chère, à tel point qu'on l'appelait l'or blanc. En faire tomber par mégarde était un désastre pécuniaire.

SE MARIER
AU MOIS DE MAI

Le joli mois de mai, pour les catholiques, est dédié à la Vierge Marie. Il est ainsi mal venu de se marier en cette période de l'année ou le pire s'abattra sur la mariée : stérilité, rupture prochaine, malheur dans le foyer. Mais ce n'est pas la seule raison : les Romains non plus ne convolaient jamais en mai. C'était, pour eux, un mois consacré aux cultes des tombeaux. Se marier en mai entraînait la mort de la jeune épousée. Dans les régions françaises, certains dictons sont explicites : « Noces de mai ne vont jamais » ou « Mariage au temps des fleurs, mariage en pleurs ». Quant au poète Ovide, il parlait déjà de cette malédiction dans l'Antiquité…

OFFRIR
DES ŒILLETS

Messieurs, offrez des fleurs aux dames, vous savez comme elles les aiment. Mais attention, jamais d'œillets, des fleurs qui portent malheur ! Ces jolies fleurs, qui poussent entre le printemps et la fin de l'été, sont considérées pour les superstitieux comme maudites, en tout cas rassemblées en bouquet. C'est dans le monde du théâtre qu'est née cette drôle d'idée. Les directeurs de théâtre employaient, à l'époque, les acteurs à l'année. Lorsqu'ils voulaient réengager une comédienne pour une saison, ils lui faisaient envoyer un bouquet de roses, des fleurs coûteuses. C'était signe que de nouveaux rôles l'attendaient. En revanche, lorsqu'ils voulaient s'en débarrasser, la malheureuse recevait un bouquet d'œillets, les fleurs les moins onéreuses. Le message était clair : elle pouvait dire adieu à sa place dans la troupe. Cruel et efficace.

CROISER UNE PERSONNE
DANS L'ESCALIER

C'est une situation qui se présente tous les jours sans qu'on n'y prenne garde. Et pourtant… croiser quelqu'un dans l'escalier est de mauvais augure ! Il vaut toujours mieux s'arrêter lorsqu'on entend une personne monter ou descendre l'escalier et la laisser passer. Si, vraiment, on ne peut pas faire autrement, le mieux est de croiser les doigts avant de se retrouver face à face avec l'importun. Cette superstition quelque peu bizarre aurait une origine ancienne : du temps où les escaliers étaient étroits et où des ennemis pouvaient facilement et discrètement donner un coup de poignard par-derrière à celui qui gravissait les marches devant lui. Sachez aussi que trébucher dans les escaliers dans le sens de la descente porte malheur.

PRENDRE UNE PHOTO
SANS AUTORISATION

S'il est grossier de photographier quelqu'un sans son autorisation, sachez que cela peut aussi porter malheur ! En prenant une photo, vous volez l'âme de la personne que vous avez immortalisée ! C'est en tout cas une croyance qui date du XIXe siècle, quand a été inventé l'appareil photographique. On disait également à cette époque que faire le cliché d'un visage humain était de nature à enlever au modèle toute sa force vitale. Les photographies étaient toujours conservées avec soin : si elles étaient abîmées, elles pouvaient entraîner la mort de celui qui y était représenté. Enfin, ne faudrait pas se faire prendre en photo avec son amoureux durant les trois premiers mois de la relation. La rupture serait, alors, inévitable…

POSER LE PAIN
À L'ENVERS

Pour certains, il est insupportable de voir un pain posé à l'envers sur une table. Une vieille superstition datant du Moyen Âge et qui perdure à travers les siècles. À cette époque sévissaient nombre de bourreaux, la peine capitale étant monnaie courante ! Le boulanger avait coutume de lui réserver un pain. Afin qu'il le reconnaisse et ne prenne pas celui des clients, le commerçant mettait sa miche à l'envers. Ce pain portait en lui, disait-on, le mauvais œil et personne n'aurait voulu s'en approcher. Si d'aventure, un pain, à force d'être manipulé, est disposé à l'envers, les croyants le marquent d'une croix à l'aide d'un couteau avant de le manger.

POSER SON SAC À MAIN PAR TERRE

De plus en plus de restaurants installent sous leurs tables un accroche-sac. Très pratique, soit, mais surtout très prudent ! En effet, il est connu qu'en posant son sac à main à même le sol, on perdra tout son argent ! Il faudrait donc toujours le garder sur ses genoux ou à côté de soi et pas seulement pour ne pas se le faire voler. Mesdames, même chez soi, il est préférable de poser son sac sur une chaise ou une table, en tout cas en hauteur, afin de préserver son pécule et être sûre qu'il ne s'évaporera pas de sitôt. C'est au Brésil que cette superstition est la plus suivie. À Rio ou ailleurs, vous ne verrez jamais une femme se débarrasser de son sac à main en le jetant à terre.

DIRE « MERDE » POUR PORTER CHANCE

Les comédiens sont, pour la plupart, superstitieux. De nombreuses croyances, parfois pittoresques, prennent leur source dans le monde du théâtre. Un acteur ne vous répondra jamais « merci » à votre « bonne chance », surtout lorsqu'il va monter sur scène. Il attend de vous que vous lui disiez « merde ». Cette tradition date du XIXe siècle, lorsque le public se rendait au spectacle en calèche. Les chevaux, stationnés devant la salle, avaient tendance à se soulager. Ainsi, plus les trottoirs étaient couverts de déjections, plus les spectateurs étaient nombreux. Les comédiens se souhaitaient donc « beaucoup de merde », donc beaucoup de monde. Peu après, on raccourcit l'expression en disant un simple « merde », moins élégant sans doute mais plus imagé que n'importe quelle parole de réconfort !

POSSÉDER OU PORTER
DES PIERRES MALÉFIQUES

Que toutes celles qui aiment follement les pierres précieuses passent leur chemin ! Les autres doivent savoir que certaines de ces pierres portent malheur. À commencer par l'émeraude qui ferait peur aux plus superstitieux. Elle serait maléfique ! Plus prosaïquement, elle doit sa mauvaise réputation à sa fragilité. L'émeraude se casse et se fendille plus souvent que d'autres minéraux et a causé bien du chagrin à leur propriétaire. Le rubis, lui non plus, ne porterait pas chance. Tout simplement parce qu'il est de la couleur du sang. Quant à l'opale, pierre semi-précieuse cette fois, elle ne sera jamais portée par un superstitieux. On raconte que le père de Guillaume le Conquérant proclamait fièrement que l'opale lui donnait des pouvoirs maléfiques ! Une rumeur qui s'est répandue à l'heure de la pire épidémie de peste qu'ait connue l'Europe. Beaucoup ont ainsi imaginé que l'opale avait un rapport direct avec cette terrible maladie.

CROISER
DES COUTEAUX

Ne croisez jamais deux couteaux ! C'est un signe de malheur dans la maisonnée. L'origine de cette superstition reste plutôt incertaine. On voit dans les couteaux le symbole de deux épées et le geste de croiser le fer avec l'ennemi. Mais on parle aussi du supplice de saint André, ce martyr de l'Évangile, crucifié pour avoir prêché la bonne parole. Du haut de sa croix, il continuait à exhorter ses fidèles de croire au Dieu sauveur, attendrissant la foule et même les païens qui l'avaient mené jusqu'ici. La croix de saint André a une forme particulière puisqu'elle est en X et rappelle étrangement deux couteaux qui se croisent et, par là même, évoque le calvaire du supplicié.

PASSER
LE BALAI LA NUIT

Le balai est un éternel objet de fantasme. On l'associe inévitablement à la sorcière. À raison : il a été remis aux sorcières par le Diable en personne pour se déplacer et persécuter plus facilement ceux qu'elles croisent. Certains moments sont mal choisis pour balayer : on ne passe pas le balai la nuit sans provoquer la mort d'un proche, et il faut éviter le Vendredi saint, la Toussaint et le Jour de l'An pour les mêmes raisons. Autrefois, lorsqu'une mort survenait, on ne balayait jamais la chambre mortuaire. Il fallait à tout prix éviter de chasser l'âme du défunt en même temps que la poussière car elle devait trouver son propre chemin jusqu'au repos éternel. Enfin, prêter un balai porte malheur : les ennuis du voisin, coincés dans ses poils, viendraient envahir votre maison. En revanche, rien n'interdit de le donner !

FAIRE DU BRUIT
AU CORTÈGE DES MARIÉS

À l'occasion d'un mariage, à la sortie de l'église ou de la mairie, faites du bruit. Il faut se faire entendre : cris, klaxons, applaudissements sont de rigueur. D'abord parce qu'on est tous heureux pour le jeune couple et qu'on laisse exploser sa joie mais surtout parce que ce vacarme a un objectif : faire fuir les mauvais esprits ! C'était en tout cas une croyance très forte au Moyen Âge. Quant aux enfants d'honneur qui marchent devant et derrière la mariée, ils ne sont pas là seulement pour attendrir les invités, mais avaient autrefois une importance de taille : grâce à leur âme pure, ils protégeaient les mariés du Diable, des sorcières et de toutes sortes de sortilèges.

POSER UN CHAPEAU
SUR UN LIT

Dans les campagnes, rares étaient les hommes qui portaient un chapeau. Ils ne le revêtaient que les jours d'enterrement. En arrivant dans la chambre mortuaire, ils l'enlevaient pour rendre hommage au défunt puis le posaient sur le lit. Un chapeau sur un lit est alors devenu un mauvais présage, symbole de maladie, voire de mort. D'autres voient dans la forme du chapeau une couronne mortuaire et évitent donc de le placer près d'un malade alité. Enfin, un chapeau représente pour certains la personne qui le porte. Posé sur un lit, on peut y voir un corps allongé qui vient de succomber. Les plus superstitieux ne supportent pas de voir un chapeau sur une table de chevet. Le mieux, vous l'aurez compris, est encore de le garder à la main pour ne froisser personne.

RÊVER DE PERDRE SES DENTS

C'est un cauchemar récurrent pour certains. Perdre ses dents est, pour les superstitieux, le présage de la mort d'un proche. Mais cela peut aussi être un symbole de perte d'une tout autre nature : une séparation, une amitié brisée, un renvoi professionnel. C'est en général lorsqu'on est déprimé, que sa joie de vivre s'est envolée, qu'un tel rêve survient. Mais cela peut être moins grave : on peut y voir la crainte de prendre une décision importante qui vous ferait changer de vie. Et pourquoi pas en mieux ? Voir une seule dent tomber dans un rêve signifierait que vous allez devoir impérativement payer vos dettes.

EMBRASSER QUELQU'UN
PAR-DESSUS SON ÉPAULE

Être embrassé par quelqu'un sans qu'on le voit, c'est-à-dire quand la personne se trouve derrière vous, être en quelque sorte pris en traître, porte malheur. C'est une référence évidente au baiser de Judas. Souvenez-vous de l'Évangile : Judas proposa à Ponce Pilate de l'aider à arrêter Jésus. Pour que les soldats le reconnaissent parmi les disciples, il proposa d'embrasser le Christ qui fut condamné puis crucifié. D'où la fameuse réplique de Jésus : « Judas, c'est par un baiser que tu livres le Fils de l'homme ? » Au Moyen Âge, on n'aimait pas non plus être embrassé par une personne par-dessus son épaule : pour les superstitieux, cette façon de faire annonçait généralement un coup de couteau dans le dos !

AUX ÉTATS-UNIS
LES FENÊTRES DE SORCIÈRES

En vous promenant sur les routes des États-Unis, et plus particulièrement dans le Vermont, vous apercevrez parfois de drôles de fenêtres sur les maisons. Ce sont des guillotines comme on en trouve souvent dans ce pays, sauf que celles-ci sont inclinées de 45° à la verticale. Autant dire qu'elles sont si petites et si mal pratiques qu'elles semblent ne servir à rien. Et pourtant… Elles ont été fabriquées pour empêcher les sorcières et leur balai de pénétrer l'endroit ! On les appelle d'ailleurs les « witch windows », littéralement les « fenêtres de sorcières ». Autre superstition américaine : lorsqu'un store tombe brutalement sans raison particulière, il annoncerait la mort dans le foyer.

EN CHINE
LE CHIFFRE 4

On appelle ça la tétraphobie, l'angoisse du chiffre 4 qui touche de nombreux Chinois. Cette peur, qui nous paraît curieuse, s'explique aisément. Le 4 et le mot « mort » se prononcent de la même façon. Aussi, on ne verra aucun numéro de porte, aucune plaque d'immatriculation et très peu de 4e étage dans les buildings du pays comportant ce chiffre funeste. Cette superstition est si forte que les Chinois ne se marieront jamais le 4 du mois et, dans les marchés, attendez-vous à lire de drôles d'étiquettes : les commerçants qui vendent un produit 40 yuans préfèrent écrire : 39 + 1, évitant ainsi de porter malheur à leurs clients !

AU PORTUGAL
MARCHER À RECULONS

Il faut toujours éviter, au Portugal, de marcher à reculons même si vous ne pouvez pas faire autrement. En effet, les Portugais croient que déambuler de cette manière indiquerait précisément son chemin au Diable. Il n'est pas recommandé non plus d'entrer dans une maison, ou ne serait-ce un magasin, du pied gauche, la partie du corps qui porte malheur ! Le côté gauche du corps est depuis la nuit des temps associé aux démons au Portugal : si, par exemple, votre oreille gauche vous chauffe, c'est qu'on dit du mal de vous. On raconte également que si vous vous étouffez par mégarde, c'est qu'un ennemi rôde et qu'il va tenter de vous voler quelque chose de précieux.

EN HONGRIE
LEVER UN VERRE DE BIÈRE

Trinquer avec des Hongrois est tout à fait autorisé. Sauf lorsqu'on lève une chope de bière à la santé des convives. Cette superstition remonte à la célèbre révolution de 1848 contre les Autrichiens. Ceux-ci, si heureux d'avoir battu leurs ennemis hongrois, ont fêté la victoire en buvant une multitude de bières, humiliation terrible pour les vaincus. Depuis, trinquer avec cette boisson fermentée porte malheur puisqu'elle rappelle de mauvais souvenirs et une sombre période de leur histoire aux Hongrois. Il avait été décrété qu'aucun d'entre eux ne pourrait lever son verre de la sorte pendant cent cinquante ans. Les années ont passé mais cette superstition perdure…

EN CORÉE
SIGNER À L'ENCRE ROUGE

Vous devez signer un contrat en Corée ? N'utilisez jamais de stylo à encre rouge, ce serait faire offense à vos interlocuteurs. Cette couleur d'encre était utilisée dans les administrations pour rayer, sur les documents officiels, le nom des personnes qui venaient de décéder. L'encre rouge est devenu symbole de mort prochaine. Quant aux étudiants, ils ne lavent jamais leurs cheveux avant de passer un examen : l'eau et le shampoing laveraient en même temps leur mémoire. Enfin, avant le jour J, ils ne mangent aucun aliment gras. Les plats trop gras huileraient leur cerveau, et leurs connaissances, durement acquises, glisseraient hors de leur tête !

EN ESPAGNE
PORTER LA COULEUR JAUNE

Le jaune est une couleur qui porte malheur en Espagne. Les comédiens, par exemple, redoutent d'en porter sur scène, tout comme le vert en France. Cette superstition leur viendrait du christianisme : c'est habillé de jaune que Judas aurait trahi le Christ. Mais c'est aussi la couleur de l'enfer pour d'autres. Autre explication, plus récente cette fois, et liée à la tauromachie, art national : la cape du torero est rouge à l'extérieur mais jaune à l'intérieur. Si le torero est encorné, ce sera la dernière couleur qu'il verra avant de succomber. Au football, on raconte qu'un célèbre sélectionneur espagnol obligea l'un de ses joueurs qui portait un maillot jaune à l'entraînement à se changer. Il ne supportait pas l'idée de le voir taper le ballon vêtu de cette couleur !

EN RUSSIE
LE SEAU DU TSAR

Les Russes n'aiment pas croiser un individu portant un récipient vide, quel qu'il soit : un bac, un seau ou un chariot. C'est un mauvais présage et l'assurance de passer une journée désastreuse. Le pire étant, pour les habitants des campagnes, d'apercevoir une femme tenir à la main une bassine. Dans les villes, cette superstition est si tenace que les balayeurs des rues s'appliquent à charger leur chariot de tous les outils en leur possession : balai, pelle ou râteau afin que soient toujours exhibés quelques accessoires ! Cette coutume quelque peu étrange serait née à la fin du XIXe siècle. On raconte que le tsar Alexandre II aurait été assassiné à l'aide d'un seau vide. Ce que réfutent les historiens !

EN GRÈCE
MARDI 13

Lorsque deux Grecs disent en même temps la même chose, il ne faut pas, comme dans certaines cultures, faire un vœu en se tenant le petit doigt. Bien au contraire, cette simultanéité porte malheur. On doit immédiatement toucher du rouge et n'importe quel objet ou tissu fera l'affaire ! S'ils ne le font pas sur-le-champ, on dit que le tourment s'abattra sur eux et qu'ils n'en finiront plus de se quereller. De même, lors d'un repas, on ne tendra jamais un couteau à un autre convive. Ce serait source de conflit dans les jours qui viennent. Sachez enfin que le vendredi 13 n'est pas un mauvais jour pour les Grecs mais c'est le mardi 13 qui est considéré comme portant malheur.

SOMMAIRE

L'auteur
Laurence Caracalla

Après avoir travaillé quinze ans dans l'édition, elle collabore aujourd'hui à différents journaux (dont *Le Figaro* et *Le Figaro Magazine*) et a écrit plusieurs ouvrages dont quelques-uns pour *Le Figaro* dans la collection des 100 (*Expressions favorites de nos grands-mères*, *Guide du bien-élevé*).

L'illustratrice
Marine Delouvrier

Architecte de formation, elle est également une dessinatrice de talent qui utilise les techniques de l'encre de Chine, de l'aquarelle et de la peinture à l'huile.